LES ENQUÊTES FABULEUSES DE FFF,
LE FAM[…] F[…]-FILOU

Le g[…] des petits-suisses

GÉRARD MONCOMBLE

ILLUSTRATIONS DE CHRISTOPHE MERLIN

À Boris,
mon fils,
patouilleur de
petits-suisses.
G. M.

Boriiiiis!

Chapitre 1

Tout commence par un cri horrible.

Un cri de père en colère.

– **Boris ! Viens ici tout de suite !**

Boris arrive en serrant les fesses.

Il **bafouille** :

– Tu m'appelles, Papa ?

– Il y avait six petits-suisses dans le réfrigérateur !

Où sont-ils ?

hurle le père.

– C'est pas moi ! jure Boris.

– Ni moi, jure la mère.

– Ni moi, jure le chat.

Le père regarde sous le lit de Boris.
Pas de cuillère, pas le moindre
grain de sucre, pas de tasse.
Il n’y a aucune trace des six
petits-suisses, ni dessous ni dessus.
Le mystère est total.

Le voisin d'en face, qui a tout entendu, frappe à la porte.

– Savez-vous que mes petits-suisses aussi ont disparu ?

– Tu vois bien que je suis innocent ! dit Boris.

Dans chaque appartement,
c'est la même chanson !
Pas un yaourt
ne **manque à l'appel**,

ni un seul pot
de fromage blanc !

Encore moins les saucisses !

Mais tous les petits-suisses
de l'immeuble se sont envolés !
Par boîtes de six !
Dans la cité, on ne parle
que de ça. C'est insensé !
Où sont passés les petits-suisses ?

Chapitre 2

L'enquête est confiée à Félix File-Filou, un détective privé très malin.

Félix **inspecte** un par un tous les réfrigérateurs.

Aucune empreinte.

– Hum ! Les voleurs devaient porter des moufles, dit-il.

Puis il fouille une par une
toutes les poubelles du quartier.
Pas le moindre papier de petit-suisse.

– Hum ! Les petits-suisses
n'ont pas encore été
mangés, conclut-il.

Au rayon « laitages » de l'épicerie,
il n'y a pas plus
de petits-suisses
que d'habitude.
– Hum ! L'épicier
n'est pas coupable,
déduit Félix.

Ni le garagiste,

ni le pâtissier,

ni le facteur,

ni le marchand de glaces.

Dans le quartier, il n'y a
que des innocents. Comme Boris.

C’est alors que Félix aperçoit une ombre.
Elle porte un étrange paquet sous le bras et **marche à pas de loup**.

À pas de loup ! « Comme un voleur de petits-suisses ! » songe Félix File-Filou. Et il suit l'ombre.

Chapitre 3

L'ombre débouche enfin en pleine lumière. C'est Boris ! Boris en combinaison, moufles et bonnet ! Hop ! il chausse sa paire de skis !
D'autres enfants sont là, le nez en l'air, prêts à skier.

– Envoyez la neige !

crie Boris, avec une voix
de chef de bande.
Et du ciel tombent et tombent
des flocons blancs ! Au mois d'août !
Félix File-Filou ouvre des yeux ronds !

Drôles de flocons ! Enroulés dans du papier ! Le détective lève la tête et comprend tout ! Ils sont au moins dix à balancer des petits-suisses, six par six ! Tous complices !

Les petits-suisses, ça glisse !
Boris et ses amis
filent sur leurs skis
comme des fusées.

Ils foncent
sur des luges,

ils se bombardent
de boules de neige.

De la neige **exquise**, crémeuse, à
quarante pour cent de matière grasse !
On en mangerait ! Des sports d'hiver
en été, ça, c'est une bonne idée !

L'enquête est terminée. Félix pourrait dénoncer Boris et son gang. Mais il y a trop longtemps qu'il rêve de faire un bonhomme de neige. Alors il met ses mains en porte-voix et il hurle :

– Quelqu'un aurait-il des moufles à me prêter ?

Fin

300, rue Léon-Joulin, 31101 Toulouse Cedex 9 – France
www.editionsmilan.com
Loi 49.956 du 16.07.1949 sur les publications destinées à la jeunesse.
Dépôt légal : 2e trimestre 2014
ISBN : 978-2-7459-2835-1
Imprimé en France par Pollina - L68098A